いつものおかずがごちそうに。
本格和食も思いのまま。

「水だし」って、すごい！

武蔵裕子

女子栄養大学出版

「水だし」は、こんなにすごい！

冷蔵庫で4〜5日保存できるから、

料理するたびにだしをとる手間も時間もなくなります。

煮出さず、ひと晩ひたすだけ。

簡単なのに本格味だから、いつもの料理が、ワンランクアップ。

“冷たいだし”を使いたい卵料理や

炊き込みごはん、焼きびたし、冷たい麺のかけつゆ。

水だしなら、冷ます必要なし！

待ったなしですぐに作れます。

少量使いできるのが、
超便利。
たとえば、だし割りじょうゆに。
たとえば、酢みそに。
大さじ1や2のだしを加えたいとき、
冷蔵庫から出して注ぐだけ。

シンプルな野菜料理に
威力を発揮。
だしのうまみで野菜の持ち味がきわ立ち、
漬けるだけ、ひたすだけでごちそうに！

1杯分のみそ汁もラクラク。
パパッと麺、ごはんも得意だから
ひとりごはんや**夜遅ごはんが**
ぐんとラクに。

定番煮ものも、
味にぐんと違いが出ます。
「得意料理は
和食です」と
自信を持って
言えるようになりますよ。

簡単にとれる本格だしを求めて たどりついたのが、私流「水だし」

「いちいちだしをとるのは面倒」「時間がないから無理」——
そんな声をよく耳にします。
でも、だしは和食の基本。きちんととっただしさえあれば、
どんな料理もおいしくなる、と言っても過言ではありません。
もっとだしを気軽に使ってほしい、本物のだしの味を伝えたい。
そこで思いついたのが、昆布と削り節を水にひたし、
塩と砂糖を加えて味に深みを出した「水だし」です。
これなら時間や手間をかけず、誰でも失敗なくとれます。
煮出さないから雑味が出にくく、
食材の持ち味を引き立ててくれます。
だから薄味でも満足でき、自然と減塩につながります。
４～５日であれば冷蔵庫に常備しておけて、
使いたいときに注ぐだけでＯＫ。
少量使いもできるなど、いいところだらけです。

忙しい人こそ、「水だし」でラクをしてほしい

忙しい日々のなか、求められるのは時短のおかず。
食事作りに手をかけられないときこそ、
シンプルな材料や調味料でもパッと本格味になる水だしが便利。
仕事をしながら高齢の両親と息子たちの食事作りを
してきた私ですが、忙しいとき、
どれだけこの水だしに助けられたことでしょう。
使った人たちからも「添加物の心配がなく、子どもにも安心」
「普段のなんてことない料理が、すごくおいしくなった」など、
うれしい感想をたくさんいただきました。
鍋に注いだ水だしから、ふわ～っとよい香りが広がるたびに
本物のだしを味わえる幸せをしみじみと感じます。
水だしを使えば、料理の初心者だってベテランに負けない
味が出せますよ。半信半疑で、まず一歩。
〝おいしい水だし暮らし〟を始めてみてください。

武蔵裕子

もくじ

3章

4章

5章

この本の決まりごと

○ 1カップ＝200mℓ、大さじ1＝15mℓ、小さじ1＝5mℓです。

○ 電子レンジは600Wのものを使用しました。加熱時間は目安です。700Wの場合は約0.8倍、500Wの場合は約1.2倍の時間を目安に加熱してください。機種や使用年数などによって違いがありますので、様子を見ながら加減してください。

○ フライパンは原則として、フッ素樹脂加工など表面加工してあるものを使用しています。

水だしのとり方

STEP 1

材料は、昆布・削り節・塩・砂糖

水だしは、どんな料理にも万能に使える、昆布と削り節の合わせだしです。煮出さず、水にひたしてうまみを抽出するだけなので簡単。

材料　作りやすい分量

昆布 —— 10～12cm（約10g）
削り節 —— 20～25g
塩 —— ごく少々（0.5g）
砂糖 —— ごく少々（0.3g）
水 —— 1ℓ

STEP 2

容器に材料を入れる

容器に削り節と昆布を入れ、塩・砂糖を加えます。削り節は不織布のだしパックに入れるより、そのまま加えたほうが、風味が出やすくなります。

容器

作る分量より少し容量が大きめの麦茶用ポットなどで作ります。でき上がっただしを注ぐときに削り節が出にくいよう、茶こし機能がついたタイプが便利。ふたがぴっちりと閉まり、透明で水だしの量がわかるものがおすすめです。

STEP 3

水を注いで、ふたをする

分量の水を注ぎます。注いだ直後は昆布や削り節が浮いてきますが、水を含むとともに沈みます。混ぜるとにごりやすいので、そのままでOK。ぴったりとふたをしたら、すぐに冷蔵庫へ。

STEP 4

冷蔵庫でひと晩おけば完成

冷蔵庫でひと晩(6時間以上)おき、水が淡い黄色になれば、水だしのでき上がり。しっかりうまみが出た、香りのよい本格だしになります。煮出さないのでくせや雑味が出にくく、食材の持ち味を生かせます。

冷蔵庫で4～5日保存OK

水だしの保存の目安は、冷蔵庫で4～5日。常に冷蔵庫で保存し、使ったあとはすぐ冷蔵庫に戻すようにしましょう。いたみの原因になるので、出しっぱなしにしたり、火のそばなどに置かないこと。また、暑い時季は、ほかの季節よりも早めに使いきるようにしてください。

材料と使い方の話

特別な材料は必要ありません。一般的なだし材料と水道水で、誰でも失敗なく本格だしがとれます。

塩・砂糖

ごく普通のものでかまいません。味をつけるためではないので、使う分量を守って。

削り節

パック入りの細かい削り節や厚削りではなく、だし用の削り節を使います。なるべく削りたての、香りのよいものを。開封後は空気を抜いて、冷凍保存がおすすめ。

昆布

だし昆布として使われるものなら、なんでもOK。真昆布、利尻昆布、羅臼昆布、日高昆布などが代表的です。産地によって少しずつ味が変わるので、お好みのものを。

塩・砂糖の効果

ごく少量を加えることで、昆布や削り節のうまみを引き出します。どちらも指先にほんの少しつくくらい（耳かき１杯程度）を目安に。

水は水道水でかまいません

ミネラルウォーターを使う場合は、必ず軟水を選んでください。中硬水や硬水はくせがあったり、うまみが出にくく、向きません。

どんな分量でも作れます

水だしは、少量でも多めでも、おいしくできます。500mℓの水なら昆布と削り節を半量に、750mℓの水なら3/4量に。塩・砂糖はともにごく少量。作り方は同じです。それぞれのご家庭で、使いきりやすい量で作ってください。

使う分量ずつ注ぐだけ

そのつど冷蔵庫から出し、使う分量ずつ容器から注ぎます。冷蔵庫に水だしがあると、少量使いにもとても便利。冷たいだしを使いたい卵料理やたれも、冷ます時間や手間なく作れます。使い終わったら必ず冷蔵庫に戻して。

最後までおいしく使いきる

水を足すと少し薄めになりますが、うまみはきちんと残っています。最後までむだなく使いきりましょう。

減ったら水を足して使えます

水だしが減ったら、１～２度は水を足して使えます。1/3量くらいになったら材料がひたるくらい（容器の八分目くらい）まで水を注ぎ、冷蔵庫に１～２時間おいてうまみを出します。水を足してからの保存は１～２日を目安に。水を足すと味わいが少し薄まるので、汁ものなどだしそのものを味わう料理より、肉や魚介と合わせた料理に使うのがおすすめです。

残った昆布は…

水だしをとったあとの昆布も、いろいろな料理に活用できます。少量なら細切りにして炊き込みごはんの具や酢のものに。和風サラダに散らすのもおすすめです。豚肉とともに甘辛く煮れば、ごはんがすすむ一品になりますよ。

豚肉と昆布のしょうが煮　材料と作り方　２人分

1. 水だしをとったあとの昆布10～12㎝は３～４㎝長さの細切りにする。豚こま切れ肉130gは細切りにし、しょうが大１かけは太めのせん切りにする。
2. フライパンにごま油小さじ２を中火で熱し、豚肉としょうがを入れて炒める。肉の色が変わったら、昆布も加えて炒め合わせる。
3. 酒大さじ１をまわし入れ、砂糖大さじ１弱、しょうゆ大さじ１と1/2を加え、混ぜながら汁けがなくなるまで炒め煮にする。

最後は絞って使いきり

保存期限が近づいても水だしが残っていたら、ボウルにのせたざるにあけ、玉じゃくしなどで押し絞り、鍋に移して一度煮立てて使いきりましょう。

1章

さっと煮、さっと蒸しで野菜がごちそう

さっと煮、さっと蒸しで
野菜がごちそう

水だしなら、野菜のおかずがラクに増やせます。

水だしを使うようになってふと気づいたのは、
冷蔵庫の野菜の減りが早くなったこと。
とりあえず野菜をざくざくと大まかに切って、さっと水だしで煮る。
それだけでも、立派な一品になるんです。これぞ〝だし力〟！
だしのしみた野菜は本当においしい。火を通すとかさが減って
たっぷり食べられ、汁まで余さずいただけます。
カロリー控えめで、食物繊維をしっかりとれるのもうれしいところ。
桜えびやちりめんじゃこ、ベーコンなど、
味の出る食材を組み合わせると、うまみ倍増、ボリュームもアップ。
「冷蔵庫に水だしと野菜さえあれば、すぐに1品できる」
そう思うとおかず作りの負担も減って、
気持ちにも、時間にも余裕が生まれる気がします。

水だしの得意ワザ、シンプルひと鍋おかずで、だしのおいしさを実感して！

水だしはシンプル＆時短料理が得意です。
ふわっと広がるだしの香りと、じんわりしみ込むうまみが
野菜の持ち味を引き立てるから、いつものおかずがひと味もふた味もグレードアップ。
さらに、忙しい、時間がないというときにこそ、水だしは頼りになります。
フライパンや鍋ひとつ、10分もあればできる「さっと煮」や、
水だしで2つの素材を蒸し煮にする「重ね蒸し」から、まずは作ってみてください。
どれもだしのうまみを生かして、調味料はごくシンプル。薄味でも満足できるはず。

さっと煮

まずは食材2つにフライパンひとつ、
同じ「万能さっと煮汁」で作れる5品で、
水だしのおいしさを実感してください。
だしの香りとうまみで、
いつもの野菜がごちそうに。
この「万能さっと煮汁」の配合を
覚えておくと、煮ものがより手軽に。
煮汁も、残さず飲み干して！

［ 万能さっと煮汁 ］ 2人分

- **水だし** —— 2/3カップ
- みりん —— 大さじ1
- しょうゆ —— 大さじ2/3
- 塩 —— 少々

小松菜と厚揚げのさっと煮

下ゆでいらずの小松菜に厚揚げのコクで、
ごはんに合うやさしい味のおかず。
煮るとたっぷりの小松菜もペロリといただけます。

材料　2人分

- 小松菜 —— 150g
- 厚揚げ —— 1/2枚
- **万能さっと煮汁**（上記） —— 全量

作り方

1. 小松菜は根元をよく洗って3㎝長さのざく切りにし、葉と茎に分ける。厚揚げは縦半分に切り、端から1㎝幅に切る。
2. フライパンに煮汁の材料を合わせて中火にかける。煮立ったら厚揚げと小松菜の茎を加え、2分ほど煮る。
3. 小松菜の葉も加えて混ぜ、しんなりするまで2分ほど煮る。

POINT
フライパンで煮立てた万能さっと煮汁で材料を煮るだけ。10分足らずででき上がり。

キャベツと桜えびのさっと煮

キャベツの甘みに、桜えびの香ばしさ、
そして水だしのうまみが口いっぱいに広がります。

材料　2人分

キャベツ —— 大3枚
桜えび —— 乾5g
万能さっと煮汁（P16参照） —— 全量

作り方

1　キャベツはかたい芯を除き、ひと口大に切る。

2　フライパンに煮汁の材料と桜えび、1を入れて中火にかける。煮立ったらキャベツがしんなりするまで3分ほど煮る。

オクラとしめじのさっと煮

水だしなら、いつものおかずもぐんと味わいがアップ。
オクラのとろみが汁になじんで、やさしい口当たりに。

材料　2人分

［オクラ —— 6本
　塩 —— 少々
しめじ —— 1パック（100g）
万能さっと煮汁（P16参照） —— 全量

作り方

1　オクラは塩をまぶし、手でこすり合わせて洗う。へたとがくを除き、1.5㎝幅の斜め切りにする。しめじは石づきを除き、ほぐす。

2　フライパンに煮汁の材料を合わせて中火にかける。煮立ったら1を加えて2～3分、しめじに火が通るまで煮る。

かぶとちくわのさっと煮

だしとちくわのうまみを含んだかぶが
ジューシーで、しみじみおいしい。

材料　2人分

かぶ —— 2個
かぶの葉 —— 1個分
ちくわ —— 小2本
万能さっと煮汁（P16参照）—— 全量

作り方

1　かぶは7～8mm厚さの半月切りに、かぶの葉は2cm長さに切る。ちくわは縦半分に切って、7～8mm厚さの斜め切りにする。

2　フライパンに煮汁の材料を合わせて中火にかける。煮立ったらかぶとちくわを加え、3～4分煮る。

3　かぶの葉を加え、しんなりするまでさっと煮る。

かぼちゃのさっと煮

おなじみの甘辛味よりあっさり。かぼちゃは
薄めに切ればすぐに火が通り、味のしみ込みも早い！

材料　2人分

かぼちゃ（種とわたを除く）—— 正味150g
万能さっと煮汁（P16参照）—— 全量

作り方

1　かぼちゃは皮つきのまま6～7mm厚さのくし形に切って、ひと口大に切る。

2　フライパンに煮汁の材料と1を入れ、アルミホイルなどで落としぶたをして中火にかける。かぼちゃがやわらかくなり、汁けが少し残るくらいまで3～4分煮る。

大根とベーコンのさっと煮

大根にだしとベーコンのうまみがしみて、おいしさが濃い！
水だしならビシッと味が決まるから、もう1品というときに助かります。
大根は繊維を断つように切ると、やわらかく煮上がります。

材料　2人分

大根 —— 5㎝（200～220g）
ベーコン（薄切り）—— 2枚
A
- **水だし** —— 1カップ
- 酒 —— 大さじ1
- しょうゆ —— 大さじ1/2
- 塩 —— 少々

あらびき黒こしょう —— 少々

作り方

1. 大根は5～6㎜厚さのいちょう切りにする。ベーコンは1.5㎝幅に切る。
2. フライパンにAと1を入れ、ふたをして中火にかける。煮立ったら、大根がやわらかくなるまで4分ほど煮る。
3. 煮汁ごと器に盛り、こしょうをふる。

青梗菜と炒めじゃこのさっと煮

ごま油でカリカリッと香ばしく炒めたじゃこが、味の決め手。
じゃこから塩けが出る分、酒とみりんを加えた煮汁で上品に。
青梗菜のほか、ターサイや春菊、水菜で作っても。

材料　2人分

青梗菜 —— 大１株
ちりめんじゃこ —— 20g
ごま油 —— 大さじ1/2

A
- **水だし** —— 2/3カップ
- 酒・みりん —— 各大さじ１
- しょうゆ —— 大さじ2/3

作り方

1 青梗菜は４～５㎝長さに切り（軸は太ければ縦半分に切る）、葉と軸に分ける。

2 フライパンにごま油を中火で熱し、じゃこがカリッとするまで１～２分炒める。**A**と青梗菜の軸を加え、２～３分煮る。

3 青梗菜の葉を加え、しんなりするまでさっと煮る。

ゴーヤーと豚バラのさっと煮

ガツンとスタミナのつく組み合わせですが、体にジワ～ッとしみる、やさしい味です。肉の脂がゴーヤーにからんだ、できたて、あつあつを食べて。

材料　2人分

- ゴーヤー —— 1/2本
- 塩 —— 少々

豚バラ薄切り肉 —— 120g

A
- **水だし** —— 1カップ
- 酒 —— 大さじ1
- しょうゆ —— 小さじ1
- 塩 —— 小さじ1/4

作り方

1 ゴーヤーは縦半分に切り、スプーンで種とわたを除いて4～5㎜幅の薄切りにする。ボウルに入れ、塩をまぶして少しおき、緑色が濃くなったらさっともんで水けを軽く絞る。

2 豚肉は3～4㎝長さに切る。

3 フライパンに**A**を入れて中火にかける。煮立ったら2、1の順に加え、3分ほど煮る。

鶏肉と長いもの梅風味さっと煮

さっと煮で長いもはシャキッ、鶏むね肉はしっとりの完璧仕上げ。むね肉にまぶした片栗粉でツルリとした口当たり。梅干しは甘くないものを。酸味が食欲をそそります。

材料　2人分

- 鶏むね肉 —— 小1枚（200g）
- 酒 —— 大さじ1
- 片栗粉 —— 小さじ1

長いも —— 100g

梅干し（甘くないもの）—— 大1個

A
- **水だし** —— 2/3カップ
- 酒・みりん —— 各大さじ1
- しょうゆ —— 小さじ2

作り方

1 鶏肉はひと口大のそぎ切りにしてボウルに入れ、酒、片栗粉をもみ込む。長いもは7～8㎜厚さの半月切りにする。

2 フライパンに**A**と鶏肉を入れて中火にかける。煮立ったら弱火にし、2～3分煮て長いもを加え、梅干しをちぎり入れる。

3 鶏肉に火が通るまでさらに1～2分煮る。

重ね蒸し

重ねといっても素材2〜3つと鍋ひとつ。
少量の水だしの蒸し汁が、
全体の味をまとめてくれ、
だしの風味がじんわり食材にしみ込みます。
うまみの出た汁でしっとり。
ごはん・パンどちらにもよく合いますよ。

POINT

あさり、キャベツの順に鍋に入れ、蒸し汁を注いですぐにふたを。煮立ったら、あとは5〜6分待つだけ。

あさりとキャベツの重ね蒸し

あさりと水だし、ダブルのうまみで薄味でも満足できます。
だしをたっぷり吸って、くったりとなったキャベツもおいしい。
あさりから塩けが出るので、塩の量は控えめに。

材料　2人分

あさり（殻つき・砂抜きしたもの）—— 300g
キャベツ —— 大3枚
A
- **水だし** —— 1/2カップ
- 酒 —— 大さじ1
- しょうゆ —— 小さじ1/2

塩・こしょう —— 各少々

作り方

1. あさりは殻をこすり合わせて洗う。ざるにあげて水けをきり、重ならないように鍋に入れる。
2. キャベツをやや大きめにちぎりながら1の上にのせ、**A**を注いでふたをする。
3. 中火にかけ、煮立ったら2分ほど煮て弱めの中火にし、さらに3〜4分蒸し煮にする。塩・こしょうで味をととのえる。

豚肉とじゃがいものレモン蒸し

和風だしとオリーブ油、和と洋のうまみが合わさって、おいしさ倍増。レモンのさわやかさも新鮮な味わい。少量のはちみつが、全体の味をまとめるかくし味。

材料　2人分

豚肩ロースしゃぶしゃぶ用肉 —— 200g
じゃがいも —— 2個
玉ねぎ —— 小1個
レモン（国産・薄い半月切り） —— 8～10枚
A
- 水だし —— 1カップ
- 酒 —— 大さじ1
- はちみつ —— 小さじ1
- 塩 —— 小さじ1/3

オリーブ油 —— 大さじ1

作り方

1. じゃがいもは7～8㎜幅の半月切りにし、水にさっとさらして水けをきる。玉ねぎは7～8㎜厚さのくし形切りにする。**A**は混ぜ合わせる。
2. 鍋にじゃがいも、玉ねぎの順に半量ずつ重ね入れ、豚肉の半量を広げてのせる。これをもう一度くり返し、レモンを全体に散らす。**A**を注いでふたをする。
3. 中火にかけ、煮立ったら2分煮て弱めの中火にし、さらに7～8分蒸し煮にする。仕上げにオリーブ油をまわしかける。

POINT
半量ずつ、2段の重ね蒸しにすると、うまみがムラなくまわります。

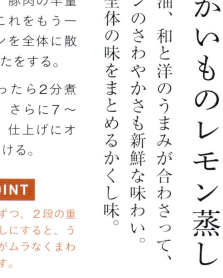

白菜と鮭、しいたけの重ね蒸し

2段に重ねて蒸すことで、鮭のおいしさとしいたけの風味が白菜にしっかりからみます。鮭もパサつかず、しっとり。仕上げにたらしたごま油で、コクと風味をアップ！

材料　2人分

- 白菜 —— 大3枚
- 生鮭 —— 2切れ
- 塩 —— 少々
- 生しいたけ —— 5個
- A
  - **水だし** —— 1/3カップ
  - 酒・みりん —— 各大さじ1
  - しょうゆ —— 小さじ2
  - 塩 —— 小さじ1/3
- ごま油 —— 大さじ1/2

作り方

1 白菜は葉と軸に切り分け、それぞれ4〜5㎝長さのざく切りにする。鮭は骨を除いて3等分のそぎ切りにし、塩をふる。しいたけは石づきを除き、半分のそぎ切りにする。**A**は混ぜ合わせる。

2 鍋に白菜の軸、しいたけ、鮭の順に半量ずつ重ね入れる。これをもう一度くり返し、最後に白菜の葉をおおうようにのせる。**A**を注いでふたをする。

3 中火にかけ、煮立ったら2分煮て弱めの中火にし、さらに5分ほど蒸し煮にする。仕上げにごま油をまわしかける。

鶏肉とズッキーニ、トマトの重ね蒸し

水だしは、洋野菜やチーズを使った煮ものにもマッチ。鶏肉は片栗粉をまぶして蒸すことで、しっとりやわらか。ほんのりとろみもついて、味のからみもよくなります。

材料 2人分

- 鶏むね肉 —— 小1枚（200g）
- 塩・こしょう —— 各適量
- 酒 —— 大さじ1
- 片栗粉 —— 小さじ1
- ズッキーニ —— 小1本
- トマト —— 2個
- A
  - **水だし** —— 1/2カップ
  - 酒 —— 大さじ1
  - しょうゆ —— 小さじ1
  - 塩 —— 少々
- 粉チーズ —— 適量

作り方

1. 鶏肉はひと口大の薄めのそぎ切りにし、塩・こしょうをしっかりめにふって、酒と片栗粉をもみ込む。ズッキーニは1㎝幅の輪切りに、トマトはへたを除いて8等分のくし形切りにする。**A**は混ぜ合わせる。
2. 鍋にズッキーニを敷き詰め、鶏肉を平らに広げてのせ、トマトも平らにのせる。**A**を注いでふたをする。
3. 中火にかけ、煮立ったら2分煮て弱めの中火にし、さらに7分ほど蒸し煮にする。汁ごと器に盛り、粉チーズをふる。

POINT

鶏肉は火が通りやすいように薄めのそぎ切りに。火の通りが早いトマトは、最後にのせて。

2章

「冷たいだし」が冷蔵庫にあると、大助かり

「冷たいだし」が冷蔵庫にあると、大助かり

水だしなら、冷ます時間は必要なし！
冷蔵庫から出して、すぐに使えます。

熱いだしを加えられない卵料理や炊き込みごはん、おひたし、浅漬け、
冷たいそばやうどんのつゆなどは、
いままでだしが冷めるまで待って作っていました。
でも、急いでいるときほどその時間が長くてイライラ……。
水だしを常備するようになってからは、思い立ったらさっと作れるようになり、
これが「水だしって便利！　助かる〜」とまずはじめに実感したことでした。
フライパンで作る茶碗蒸しは、私のイチ押し水だし料理のひとつ。
難しいと思われがちな茶碗蒸しですが、だしさえあれば
具がなくてもすごくおいしい。
それともうひとつ、欠かせないのが炊き込みごはんです。
季節の食材を入れて水だしで炊くだけで、ごちそうごはんに！
これさえあればおかずが少なくてすむので、忙しいときに助かっています。

どんな食材も水だしにひたせば、断然おいしく!

焼きびたしや揚げびたしも、水だしで試してほしいメニュー。
食材が熱いうちに、冷たい水だしのひたし地にジュッと入れるだけ。
この温度差でだしが早く、しっかりしみ込むんです。
シンプルなおひたしも、たっぷりのだし汁にひたすのと、
しょうゆをまわしかけただけのものとでは、まったくの別物!
浅漬けも水だしでまろやかな塩けになり、うまみが格段に増します。
ぜひ漬け汁ごと味わってみてください。

漬けマグロのたたきとろろのせ丼

お得だけどちょっと脂の少ない赤身のマグロは、水だし入りのたれで〝漬け〟にすると、身がしまり、うまみが凝縮。とろろの味つけにもダブル使いできるのは、冷たい水だしだからこそ。

材料　2人分

マグロ（刺身用・さく）—— 約200g

A
- **水だし** —— 1/4カップ
- しょうゆ・みりん —— 各大さじ1/2
- わさび —— 少々

長いも —— 50g

B
- **水だし** —— 大さじ1
- しょうゆ —— 大さじ1/2

温かいごはん —— 丼2杯分

作り方

1 **A**のみりんは耐熱の器に入れ、ラップをせずに電子レンジで10秒加熱し、アルコールをとばす。残りの**A**とともにファスナーつき保存袋に入れ、マグロを加えて冷蔵庫で10～15分漬ける。

2 長いもはあらめのみじん切りになるよう包丁でたたく。**B**を加えて混ぜる。

3 1のマグロの汁けを軽くきり、1㎝厚さに切る。丼にごはんを盛ってマグロをのせ、2をかける。

POINT

冷たい水だしなら、刺身用の漬け汁にもそのまま使えます。しょっぱくなりすぎず、風味が増すという効果も。

牛たたき風 水だしじょうゆ漬け

ねぎ、しょうが入りのだし割りじょうゆで、赤身肉をワンランクアップ。
肉のうまみの溶け出た漬け汁や香味野菜もむだなく使って
手間いらずのごちそうに。

材料　3～4人分

- 牛ももかたまり肉 —— 450～500g
- 塩・こしょう —— 各適量

サラダ油 —— 小さじ1

A
- **水だし** —— 1/2カップ
- しょうゆ —— 大さじ1と1/2
- 長ねぎ —— 1/3本
- しょうが —— 1かけ

作り方

1　牛肉は塩・こしょうをややしっかりめにふり、もみ込む。

2　Aのねぎは斜め薄切りに、しょうがはせん切りにする。合わせてファスナーつき保存袋に入れ、残りのAも加えて混ぜる。

3　フライパンにサラダ油を中火で熱し、1を入れ、ときどき転がしながら全面にしっかり焼き色をつける。ふたをして弱めの中火にし、15～20分蒸し焼きにする（途中、2～3度裏返す）。

4　熱いうちに2の袋に入れ、空気を抜いて口を閉じる。あら熱をとり、冷蔵庫で2時間ほどおく。

5　4の牛肉の汁けをきり、食べやすく切る。器に盛ってねぎとしょうがをのせ、漬け汁適量をまわしかける。

POINT

牛肉は表面をしっかり焼きかためてから（写真左）、冷たい漬け汁に漬け込みます（写真右）。香味野菜の風味が移り、だしであっさり上品な仕上がり。

フライパン茶碗蒸し

〝冷まさずに使える〟水だしの便利さを、いちばん実感できるのが茶碗蒸し。水だしのあんをかければ、具なしでも充分おいしい。

材料　2人分

卵 —— 1個

A
- **水だし** —— 1カップ
- 塩 —— 小さじ1/3
- 酒・うす口しょうゆ —— 各小さじ1/2

B
- **水だし** —— 1/3カップ
- うす口しょうゆ —— 小さじ1/2
- 塩 —— 少々

［**水溶き片栗粉**］
- 片栗粉 —— 小さじ1/2
- 水 —— 小さじ1

おろししょうが・貝割れ菜（根を切る）—— 各少々

作り方

1　ボウルに卵を割り入れ、白身を切るように溶きほぐす（泡立てないよう注意）。**A**を加えてざっと混ぜ、ざるで濾す。耐熱の器に静かに流し入れる。

2　フライパンに水を深さ3㎝ほど注いで強火にかける。煮立ったら火を止め、1をそっと入れる。再び火にかけ、ふたをして強火で1分、ごく弱火にして11分蒸す。中央に竹串を刺してみて、透明な汁が出てきたら蒸し上がり。

3　小鍋に**B**を入れて煮立て、水溶き片栗粉をまわし入れてとろみをつける。2にかけ、しょうがと貝割れ菜をのせる。

POINT

冷たい水だしならそのまま卵に混ぜるだけ（写真左）。フライパンで蒸すから、食べたいときに気軽に作れます（写真右）。かにかまぼこやきのこなど、火の通りの早い具を加えても。

たっぷりみつばのだし巻き卵

水だしは、卵料理にも威力を発揮。卵焼きに使えば、だし香る、ふわっふわの料亭風だし巻き卵になりますよ。焼きたてはもちろん、冷めてもかたくならず、しっとり。

POINT

卵液を流し入れたら、火は強めの中火に。半熟状になったら手早く巻いていきます。だしが入るのでやわらかめですが、あとで形を整えるので大丈夫。

材料　2人分

卵 —— 4個
みつば —— 7～8本
A
- **水だし** —— 大さじ3
- 酒・みりん —— 各小さじ1
- うす口しょうゆ —— 小さじ1と1/2

サラダ油 —— 適量

作り方

1 みつばは2㎝長さに切る。ボウルに卵を割りほぐし、**A**、みつばの順に加えて混ぜる。

2 卵焼き器にサラダ油を中火で熱し、余分な油はキッチンペーパーで拭きとる。1の1/3量を流し入れ、全体に広げて少し火を強め、表面が半熟状になったら手前に三つ折りにする。

3 あいた部分にサラダ油を薄くひき、卵を奥側に移す。手前にも油を薄くひき、残りの1の半量を入れて広げ、焼いた卵の下にも流し入れる。半熟状になったら手前に巻く。同様にもう一度くり返す。

4 巻きすかキッチンペーパーにとって軽く巻き、そのままあら熱をとる。食べやすく切って器に盛る。

だし巻き卵のサンドイッチ

コツは、卵液に水溶き片栗粉を加えること。
これで汁けが出にくくなり、
だしの風味もしっかり残ります。

材料　2人分

卵 —— 4個
A
- **水だし** —— 大さじ3
- 酒・みりん —— 各小さじ1
- うす口しょうゆ —— 小さじ1と1/2

［ **水溶き片栗粉** ］
- 片栗粉 —— 小さじ1
- 水 —— 小さじ2

サラダ油 —— 適量
食パン（6枚切り）—— 2枚
からしマヨネーズ* ・からしバター* —— 各適量
* マヨネーズ、クリーム状に練ったバターに、それぞれ好みの量の練りがらしを混ぜる。

作り方

1 ボウルに卵を割りほぐし、**A**と水溶き片栗粉を加えて混ぜ合わせる。「たっぷりみつばのだし巻き卵」（上記）の作り方2～3と同様にだし巻き卵を作り、巻きすかキッチンペーパーにとって軽く巻き、そのままあら熱をとる。

2 食パン1枚の片面にからしマヨネーズ、もう1枚の片面にからしバターを塗り、1をはさんで半分に切る。

鶏肉としいたけ、にんじんの炊き込みごはん

炊き込みごはんも、水だしの得意料理。
だしで炊くごはんのおいしさといったら！
炊き上がりの湯気からもう、香りが違いますよ。

材料　作りやすい分量

米 —— 2合
鶏もも肉 —— 小１枚（約200g）
生しいたけ —— 3個
にんじん —— 1/2本
水だし —— 360mℓ（2合分）
A
- 酒 —— 大さじ2
- しょうゆ —— 大さじ1
- 塩 —— 小さじ1/4強

作り方

1. 米は洗ってざるにあげ、30分ほどおく。
2. 鶏肉は2㎝角に切る。しいたけは軸を除いて４〜５㎜幅に切る。にんじんは4〜5㎝長さの短冊切りにする。
3. 炊飯器の内釜に1を入れ、水だしを２合の目盛りまで注ぎ、Aを加えて混ぜる。2を全体に広げるようにのせ、混ぜずに普通に炊く。10分ほど蒸らし、全体をざっと混ぜる。

POINT

冷蔵庫に水だしがあれば、ポットから直接注ぎ入れるだけ。炊き込みごはんがぐっと身近なメニューになります。

鮭とじゃがいもの炊き込みごはん

相性のよい具で作るシンプル炊き込みごはん。
最後に混ぜるバターのコクと香りで、おかわり必至。
これさえあれば、おかずが少なくてすむのもうれしいところ。

材料　作りやすい分量

- 米 —— 2合
- 生鮭 —— 2切れ
- じゃがいも —— 2個
- **水だし** —— 360mℓ（2合分）
- A
  - 酒 —— 大さじ2
  - しょうゆ —— 小さじ1
  - 塩 —— 小さじ1/2
- バター —— 大さじ1〜1と1/2

作り方

1. 米は洗ってざるにあげ、30分ほどおく。
2. 鮭は骨を除いて3等分に切る。じゃがいもは1㎝厚さの半月切りにし、水にさらして水けをきる。
3. 炊飯器の内釜に1を入れ、水だしを2合の目盛りまで注ぎ、**A**を加えて混ぜる。2を全体に広げるようにのせ、混ぜずに普通に炊く。10分ほど蒸らしてバターを加え、上下を返すように全体を混ぜる。

塩サバとねぎの焼きびたし

焼きたてのサバをジュッと冷たい漬け汁にひたし、味をよくしみ込ませます。水だしなら風味も増してまろやか。ごはんによく合う、ヘルシーおかずです。生サバで作っても。

POINT

だしにひたすことで、サバのコクとだしのうまみが一体に。サバの身もパサつきません。

材料　2人分

- 塩サバ —— 1枚（半身）
- 長ねぎ —— 1本
- A
  - **水だし** —— 1/2カップ
  - しょうゆ・みりん —— 各大さじ1
  - 塩 —— 少々
- ごま油 —— 大さじ1

作り方

1. **A**のみりんは耐熱の器に入れ、ラップをせずに電子レンジで20秒加熱し、アルコールをとばす。残りの**A**とともにバットに合わせる。
2. ねぎは縦半分に切って、斜め薄切りにする。耐熱の器に入れてふんわりとラップをかけ、電子レンジで1分ほど加熱する。1に加えて広げる。
3. サバは7～8等分のそぎ切りにする。フライパンにごま油を中火で熱し、サバを並べ入れる。両面がカリッとするまで4分ほど焼き、熱いうちに2に加えてからめる。少しおいて味をなじませる。

シシャモときゅうり、トマトの焼きびたし

野菜もしっかりとれる、栄養バランスのよいおかず。
しょうがの風味が食欲をそそります。
シシャモに粉をまぶしておくと、ひたし汁がよくからみます。

材料　2人分

- シシャモ —— 6尾
- 小麦粉 —— 適量
- きゅうり —— 1本
- ミニトマト —— 6～7個
- A
  - **水だし** —— 1/2カップ
  - しょうゆ —— 大さじ1
  - しょうが汁 —— 小さじ1
- サラダ油 —— 大さじ1

作り方

1. きゅうりは縦半分に切って、斜め薄切りにする。ミニトマトはへたをとり、横半分に切る。**A**はバットに合わせ、きゅうりとトマトを加えて混ぜる。
2. シシャモは小麦粉を薄くまぶす。
3. フライパンにサラダ油を弱めの中火で熱し、2を並べ入れ、ときどき返しながらこんがりとするまで3～4分焼く。熱いうちに1に加えてからめ、少しおいて味をなじませる。

手羽中とれんこんの揚げ焼きびたし

できたてはもちろん、1日おいてピリ辛の汁がしみたところも、また美味。
コクがあるのに、あと味すっきりなのも水だし効果。
汁けをしっかりきれば、おべんとうのおかずにもおすすめです。

材料　2人分

- 鶏手羽中（半割り）—— 8〜10本
- 小麦粉 —— 適量
- れんこん —— 小1節（80g）
- A
  - 水だし —— 2/3カップ
  - しょうゆ —— 大さじ1
  - 塩 —— 小さじ1/4
  - 赤とうがらし（種を除いて小口切り）—— 少々
- サラダ油 —— 大さじ3

作り方

1. れんこんは5㎜厚さの半月切りにし、酢水に2〜3分さらして水けをきる。
2. **A**はバットに合わせる。
3. 手羽中は小麦粉を薄くまぶす。フライパンにサラダ油を中火で熱し、手羽中を並べ入れ、ときどき転がしながらこんがりとするまで揚げ焼きにする。あいたところに1を加え、2〜3分揚げ焼きにする。それぞれ熱いうちに2に加えてからめ、少しおいて味をなじませる。

だしびたし

たっぷりのだし割りじょうゆに
素材をひたして、味を含ませます。
ここで紹介する3品は、
すべて同じひたし地で作れるもの。
キーンと冷やして、汁まで余さず味わって。

2色パプリカのだしびたし

スナップえんどうの
だしびたし

エリンギとえのきの
だしびたし

2色パプリカのだしびたし

パプリカは炒めると甘みが出ます。
オリーブ油と和風だしの、和洋折衷おひたし。

材料　2人分

赤・黄パプリカ —— 各1/2個
A［水だし —— 1/2カップ
　しょうゆ —— 大さじ1/2
オリーブ油 —— 大さじ1/2

作り方

1　Aはバットに合わせる。
2　パプリカはへたと種を除き、縦3〜4㎜幅の細切りにする。
3　フライパンにオリーブ油を中火で熱し、2を1〜2分炒める。熱いうちに1に加え、少しおいて味をなじませる。

スナップえんどうのだしびたし

かみしめるとだしのうまみが広がります。
シャキシャキの食感も◎。

材料　2人分

スナップえんどう
　—— 10個（100g）
A［水だし —— 1/2カップ
　しょうゆ —— 大さじ1/2

作り方

1　Aはバットに合わせる。
2　スナップえんどうはへたと筋を除き、塩少々（分量外）を加えた熱湯で2分ほどゆで、ざるにあげる。熱いうちに1に加え、少しおいて味をなじませる。

エリンギとえのきのだしびたし

電子レンジ調理で火を使わずに作れます。
きのこのうまみが溶け出た汁までおいしい。

材料　2人分

エリンギ —— 2本
えのきたけ —— 1袋（100g）
A［水だし —— 1/2カップ
　しょうゆ —— 大さじ1/2

作り方

1　Aはバットに合わせる。
2　エリンギは縦半分に切って、斜め薄切りにする。えのきは石づきを落とし、長さを半分に切ってほぐす。
3　2を耐熱ボウルに入れてふんわりとラップをかけ、電子レンジで1分30秒加熱する。水けをきり、熱いうちに1に加え、少しおいて味をなじませる。

ブロッコリーとうずら卵のだしびたし

火を使わずにパッと作れる、中華サラダのようなおひたし。ひたし汁に加えるごま油で、ガラッと風味が変わります。うずら卵とブロッコリー、食感の違いもまた味わいのひとつ。

材料　2人分

- ブロッコリー —— 1/2個（100g）
- うずら卵の水煮 —— 6個
- A
  - **水だし** —— 1/2カップ
  - しょうゆ —— 小さじ1
  - ごま油 —— 少々
- 白いりごま —— 小さじ1

作り方

1 ブロッコリーは小房に分け、さらに小さめに切る。耐熱ボウルに入れてふんわりとラップをかけ、電子レンジで2分加熱し、冷めるまでそのままおく。うずら卵は汁けをきる。

2 **A**はバットに合わせる。1を加え、少しおいて味をなじませる（途中でそっと上下を返して混ぜる）。汁ごと器に盛り、ごまをふる。

トマトとアボカドのレモン風味だしびたし

コクのあるアボカドとレモンの酸味が、白ワイン、冷酒どちらにもぴったり。見た目にも涼やかな、夏の洋風おひたしです。

材料　2人分

トマト —— 1個
アボカド —— 1個

A
- **水だし** —— 1/2カップ
- レモン汁・砂糖 —— 各小さじ1
- オリーブ油 —— 大さじ1/2

レモン（国産・いちょう切り） —— 適宜

作り方

1 トマトはへたをとり、さっと湯にくぐらせて皮をむき、6〜8等分のくし形に切る。アボカドは縦にぐるりと切り目を入れて2つ割りにし、種と皮を除いて食べやすい大きさに切る。

2 **A**はバットに合わせる。1とレモンを加え、少しおいて味をなじませる（途中でそっと上下を返して混ぜる）。

水だし浅漬け

だしが香る　ほどよい塩けの浅漬けです。
保存袋を使えば、少量でも手軽。
漬けるときは、袋の空気をしっかり抜くと、
早く、全体に味がなじみます。
おひたし感覚で、たっぷりどうぞ。

白菜のゆず風味だし漬け

きゅうりの
からし風味だし漬け

セロリのカレー風味だし漬け

白菜のゆず風味だし漬け

白菜は塩もみをせず、じか漬けに。
味のしみる2日目くらいがおすすめです。

POINT

漬け汁を注ぎ、冷蔵庫でおくだけ。薄味なので白菜がたっぷり食べられます。

材料　作りやすい分量

白菜 —— 4枚（約400g）
ゆずの皮 —— 適量

A
- 水だし —— 3/4カップ
- しょうゆ —— 大さじ1/2
- 塩 —— 小さじ1/2
- ごま油 —— 少々

作り方

1　白菜は2cm幅のざく切りにする。ゆずの皮はせん切りにする。合わせてファスナーつき保存袋に入れる。

2　Aを混ぜ合わせて1に加え、空気を抜いて口を閉じる。軽くもみ、冷蔵庫で1日以上おく。

＊ 漬けた翌日から食べられる。冷蔵庫で4～5日保存可能。

きゅうりのからし風味だし漬け

ピリリときいたからしと、
隠し味に加えた砂糖のバランスが絶妙。

材料　作りやすい分量

- きゅうり —— 2本
- 塩 —— 小さじ1/2

A
- 水だし —— 1/2カップ
- 砂糖 —— 小さじ2
- 塩 —— 小さじ2/3
- 粉からし＊ —— 小さじ1～1と1/2

＊練りがらし（チューブ）2cm分でもよい。

作り方

1　きゅうりは1.5cm幅の輪切りにしてボウルに入れ、塩をまぶして10分ほどおく。しんなりしたらさっと洗い流し、水けをよくきってファスナーつき保存袋に入れる。

2　Aを混ぜ合わせて1に加え、空気を抜いて口を閉じる。軽くもみ、冷蔵庫で1日以上おく。

＊ 漬けた翌日から食べられる。冷蔵庫で5～6日保存可能。

セロリのカレー風味だし漬け

水だしとともに加えた少量のカレー粉が、
薄味でも満足できる味の秘訣です。

材料　作りやすい分量

セロリ —— 2本

A
- 水だし —— 1/2カップ
- 塩 —— 小さじ2/3
- カレー粉 —— 小さじ1/2

作り方

1　セロリは筋を除いて1cm幅の斜め切りにし、ファスナーつき保存袋に入れる。

2　Aを混ぜ合わせて1に加え、空気を抜いて口を閉じる。軽くもみ、冷蔵庫で30分以上おく。

＊ 冷蔵庫で3～4日保存可能。

だしの香ピクルス

冷蔵庫で1週間ほど保存できるので、
料理のつけ合わせやサラダがわりにも便利です。
野菜がピクルス液にひたっているようにして。

材料 作りやすい分量

れんこん —— 100g
ごぼう —— 1/3本（60～70g）
にんじん —— 小1/2本（60g）
大根 —— 150g

［**ピクルス液**］

水だし —— 1カップ
酢 —— 1カップ
砂糖 —— 大さじ4
塩 —— 小さじ2
赤とうがらし（種を除く）
—— 小1本

作り方

1 れんこんは1cm厚さのいちょう切りにし、酢水にさらす。ごぼうはたわしでこすり洗いし、細長い乱切りにして水にさらす。それぞれ水けをきる。

2 にんじんは縦半分に切ってから、小さめの乱切りにする。大根は1cm厚さのいちょう切りにする。

3 ホーローまたはステンレス製の鍋にピクルス液の材料を入れて強火にかけ、ひと煮立ちさせる。火を止め、そのまま冷ます。

4 別の鍋にごぼうとたっぷりの水を入れて強火にかける。煮立ってから2分ゆでたられんこんと2も加え、さらに3分ほどゆでる。ざるにあげて湯をよくきり、熱いうちに3に加えて冷ます。

＊ 清潔な保存瓶に入れ（野菜がピクルス液にひたっているようにする）、冷蔵庫で1週間ほど保存可能。

Column

ひとり分の汁ものだってすぐできる

水だしのうまみ、香りがいちばんストレートに感じられる汁もの。
1杯分からさっとできるのも、水だしの使い勝手のいいところです。
じんわり体にしみるやさしい味は、本物のだしならでは。

慌ただしい朝こそ 1杯のみそ汁を

カップに具と水だしを入れてレンジでチン。みそを溶けば2～3分ででき上がり。

レンジカップみそ汁

ひとりのごはんも、忙しい朝も
これならできる！

材料と作り方　1人分

1. 大きめの耐熱マグカップにカットわかめ（乾燥）大さじ1/2と長ねぎの小口切り3㎝分を入れ、水だし1カップを注ぐ。
2. ラップをせずに電子レンジで1分30秒加熱する。とり出してすぐにみそ大さじ1を加え、混ぜて溶かす。

なにかと慌ただしい朝のひととき。最近は朝食をとらないかたも多いようですが、シャキッと目覚めるためにも、朝食はやはり欠かせないものだと思っています。

そこで、助かるのが水だしの存在。1杯分のみそ汁をパパッと作れるのも、水だしならではのよさです。ひとり暮らしのかたや、家族の帰宅時間がまちまちなときでも、水だしならだし香るみそ汁がすぐにできます。大きめのマグカップに手間いらずの具と水だしを入れ、電子レンジでチン。温まったら、みそを溶くだけ。火も鍋も使いません。前夜におにぎりを作って冷蔵庫に入れておけば、みそ汁とともに電子レンジで温めるだけで朝食セットになりますよ。水だしで朝のみそ汁習慣、ぜひ始めてみてください。

忙しいときも、だし香る汁があるとホッとします

さつまいもの豆乳みそ汁

だしと豆乳でまろやか。
豆乳は煮立てると分離しやすいので、注意。

材料と作り方　2人分

1 さつまいも150gは1㎝幅の輪切り（太ければ半月切り）にする。水に2〜3分さらして水けをきる。

2 鍋に水だし1/2カップと1を入れて中火にかけ、さつまいもがやわらかくなるまで煮る。

3 豆乳1と1/2カップを加え、温まったらみそ大さじ1と1/2を溶き入れる。煮立たせないように弱火で1分ほど煮て、小ねぎの小口切り1〜2本分を加える。

のりたま汁

のりの香りがふわりと広がります。
味は塩で、香りはしょうゆで、が調味の決め手。

材料と作り方　2人分

1 焼きのり（全形）1/2枚はちぎって椀に入れる。卵1個は割りほぐす。

2 小鍋に水だし2カップを入れて強めの中火にかける。煮立ったら酒小さじ1、塩少々、しょうゆ小さじ1/3を順に加える。

3 再び煮立ったら、溶き卵を菜箸に伝わせて細くまわし入れる。卵がふんわりとしてきたらすぐに火を止め、1の椀に注ぐ。

仕事に家事に、時間に追われる毎日。「きょうはなにも作りたくない」と、市販のお総菜やお弁当に頼ってしまうこともありますよね。そんなときでも、だしの香りがするひと椀の汁を添えるだけで、きちんと食事をした気持ちになりますよ。ひと口いただくと、心も体もホッ。肩の力がスーッと抜けていきます。「あぁ、水だしがあってよかった〜」と思うのはこんなとき。

汁ものがあるとホッとする、とはいっても、手間がかかっては逆効果。たとえばすまし汁なら、水だしに塩としょうゆで調味するだけ。具はなんでもいいんです。カットわかめや麩ならそのまま、はんぺんや貝割れ菜ならちぎってポン。刻んだみょうがや長ねぎだけだって充分。これも、きちんとしただしだからこそなんですね。

味の変化だって自由自在。たまには気分を変えてポタージュもいいですよ

かぼちゃの和風ポタージュ

オリーブ油でコクをプラス。
温冷どちらでもおいしくいただけます。

材料と作り方　２～３人分

1 かぼちゃは種とわたを除き、皮をむいて200ｇ用意する。小さめのひと口大に切って水に２～３分さらし、水けをきる。

2 鍋にオリーブ油大さじ１と1を入れて弱めの中火にかけ、焦がさないように２分ほど炒める。小麦粉大さじ1/2をふり入れ、粉っぽさがなくなるまで炒め、水だし2カップを注ぐ。

3 煮立ったらアクをとり、弱めの中火で６～７分、かぼちゃが完全にやわらかくなるまで煮る。火を止めてあら熱をとる。

4 ミキサーにかけてなめらかにし、3の鍋に戻し入れて温め、塩少々で味を調える。器に注ぎ、黒・白いりごま各少々をふる。

水だしは、和風の汁だけでなく、洋風や中華風の汁ものにも違和感なくなじんでくれます。市販のスープの素よりあっさり。私のお気に入りは、すり流し風のポタージュ。バターや生クリームを使わないぶん、軽やかなあと味です。

わが家は双子の息子たちも独立し、現在両親との３人暮らし。日々の食事は仕事の合間に私が作っています。父母ともにもう高齢ですから、やはり和食が中心で、朝ごはんには水分補給も兼ねて必ず汁ものを添えています。汁ものがあるとおかずもスッといただけるし、なにより食欲がないときでも食べやすい。だから水だしは欠かせないんです。冷蔵庫に１ℓ容器２本を常備するようにしていて、寝る前でも「あっ、水だしをきらしていた！」と思い出すと起きて作るくらい、ないと不安。汁ものはもちろん、少量のたれからまとめ作りのおかずまで、毎日の料理にオールマイティに使える水だし。おかげでずいぶんラクをさせてもらっています。

3章

「大さじ１」のだしがすぐに使えるすばらしさ

「大さじ1」のだしが
すぐに使えるすばらしさ

少量の水だしでうまみが増し、まろやかに。
あらっ？　と味が変わるんです。

ときどきレシピに出てくる、
「だし大さじ１」や「だし大さじ２」の文字。
こんな少量のために、いちいちだしをとるのは無理！
水で代用してはダメなの？　と思ってしまいますよね。
でも、冷蔵庫に水だしがあれば問題解決。
しっかりうまみがあるから、
仕上がりが水っぽくなることもありません。
たれやソース、ドレッシングに水だしを少量加えると
塩けや酸味がまろやかになり、だしが全体の味をまとめてくれます。
これが水だしの〝ひとさじ効果〟。
あえもの、酢のものにもひとさじの水だしを。
とろみづけの片栗粉も水だしで溶くと、味が薄まりません。

野菜の蒸しゆで、蒸し焼きには、少量の水だしが正解でした！

少量の水だしは、蒸しものや炒め煮にも大活躍します。
たとえば、きんぴら。
野菜を少量の水だしで蒸し焼きにすると
ムラなく火が通り、しっとり。
ハンバーグの肉だねに少量の水だしを混ぜるとふんわりジューシーに。
たった大さじ1や2なのに、
うまみが増すのがうれしくて、日々メニューを開拓中です。
少量でもすぐに使える水だしならではの便利さ。
みなさんもいろいろな料理に〝ひとさじの水だし〟、試してみてください。

だし蒸し野菜 2種のソースで

野菜は水だしで蒸すと、ゆでるより風味が増します。
コツは歯ごたえが残る程度で火を止めること。
あつあつにソースをかければ、いつもの野菜がごちそうに。

POINT

野菜はムラなく火が通るよう、重ならないように広げます。水だしを加えたら（写真左）、ふたをして弱火で蒸すだけ（写真右）。

材料　2人分

カリフラワー —— 1/4個（80g）
ズッキーニ —— 1/2本（80g）
にんじん —— 小1/2本（60g）
水だし —— 大さじ3

［ **水だしレモンソース** ］

水だし —— 大さじ2
レモン汁・オリーブ油 —— 各大さじ1
しょうゆ・粉チーズ —— 各大さじ1/2
砂糖 —— 小さじ1

［ **マイルドだしマヨソース** ］

マヨネーズ —— 大さじ2
水だし —— 大さじ1

作り方

1　カリフラワーは小房に分ける。ズッキーニは4～5㎝長さに切って、縦4等分に切る。にんじんは7～8㎜厚さの半月切りにする。

2　フライパンに1を並べ入れ、水だしをまわしかけてふたをする。弱火にかけて5～6分蒸す。

3　ソースの材料はそれぞれ混ぜ合わせる。

4　器に2を盛り、好みで3をかけていただく。

カリカリじゃこの和風コールスロー

香ばしいじゃこがからんだ、だし風味が新鮮。
しょうゆ味だからごはんにもよく合います。
少量でもうまみがしっかり出るのは、天然素材の水だしだからこそ。

材料　2人分

- キャベツ —— 大3枚
- 塩 —— 小さじ1/3
- ちりめんじゃこ —— 30g
- ごま油 —— 大さじ1
- A
  - **水だし** —— 大さじ2
  - 酢 —— 大さじ1と1/2
  - オリーブ油 —— 大さじ1
  - しょうゆ —— 大さじ1/2
  - 砂糖 —— 小さじ1

作り方

1. キャベツは芯を除き、太めのせん切りにしてボウルに入れる。塩をまぶして少しおき、軽くもんで水けを絞る。
2. Aは別のボウルに合わせる。
3. フライパンにごま油を中火で熱し、じゃこがカリッとしてきつね色になるまで炒める。2に加えてさっと混ぜ、1も加えてよくあえる。

ささみとエリンギの和風マリネ

電子レンジだけでできるクイックマリネ。
温かいうちにマリネ液につけると早く味がしみ込みます。
水だしで酸味もまろやか。かつお風味がふんわりと香ります。

材料　2人分

- 鶏ささみ —— 大2本
- 酒 —— 大さじ1/2
- 塩 —— 少々

エリンギ —— 2本

焼きのり（全形）—— 1/4〜1/3枚

A
- **水だし** —— 大さじ2
- 酢 —— 大さじ2
- しょうゆ —— 大さじ1/2
- 砂糖 —— 小さじ1/2
- オリーブ油 —— 大さじ1

作り方

1 ささみは筋があれば除き、耐熱皿に並べる。酒と塩をふり、ふんわりとラップをかけて電子レンジで2分30秒〜3分加熱する。そのままあら熱がとれるまでおき、手で食べやすく裂く。

2 エリンギは縦半分に切って、斜め薄切りにする。耐熱ボウルに入れ、ふんわりとラップをかけて電子レンジで1分20〜30秒加熱する。

3 別のボウルに**A**を合わせ、1と2の汁けをきって加え、あえる。のりをちぎり入れ、混ぜる。

豆腐のごまよごし

ごまの香りとコクがあとを引き、意外に濃厚。
豆腐はちぎると、味がよくからみます。

材料　2人分

木綿豆腐 —— 1/2丁（150g）

A
- **水だし** —— 大さじ1
- 黒すりごま —— 大さじ1
- しょうゆ —— 大さじ1/2
- 砂糖・ごま油 —— 各小さじ1

木の芽（あれば）* —— 適宜

＊青じそのせん切りなどでもよい。

作り方

1 豆腐はキッチンペーパーに包み、10～15分おいて水きりする。

2 ボウルに**A**を混ぜ合わせる。

3 2に1をひと口大にちぎって加え、よくあえる。器に盛り、木の芽を添える。

マグロとわかめのぬた風

からし酢みそにも水だしを加えて。
酸味がやわらぎ、やさしいぬたになります。

材料　2人分

マグロ（刺身用・さく）—— 150g

わかめ（塩蔵）—— 20g

［ **酢みそ** ］
- **水だし** —— 大さじ1
- みそ —— 大さじ1と1/2
- 砂糖 —— 大さじ1
- 酢 —— 小さじ2
- 練りがらし —— 小さじ1/2

作り方

1 マグロは2㎝角に切る。わかめは洗ってたっぷりの水につけてもどし、さっとゆでる。水けをきり、食べやすく切る。

2 ボウルに酢みその材料を混ぜ合わせる。

3 食べる直前に2に1を加えてあえる。

鯛の和風だしカルパッチョ

「刺身にだしを塗る!?」ちょっと驚かれるかもしれませんが、これでうまみがしっかり増します。だしは鯛が半分ひたるくらいに。ゆずこしょうの辛み、香りがさわやか。好みでオリーブ油をたらしても。

POINT

鯛ひと切れずつに水だしを塗るようにして、うまみをプラス。これでぐっと味わいに深みが増します。

材料　2人分

鯛（刺身用・さく）―― 150g
水だし ―― 大さじ1～2
A
- **水だし** ―― 大さじ1
- しょうゆ ―― 小さじ1/2
- ゆずこしょう ―― 小さじ1～1と1/2

作り方

1. Aは混ぜ合わせる。
2. 鯛は薄切りにし、器に重ならないように並べる。水だしをスプーンで塗るようにしながら、鯛の表面にかける（半分ひたるくらいが目安）。
3. 1を再びよく混ぜ、全体にかける。

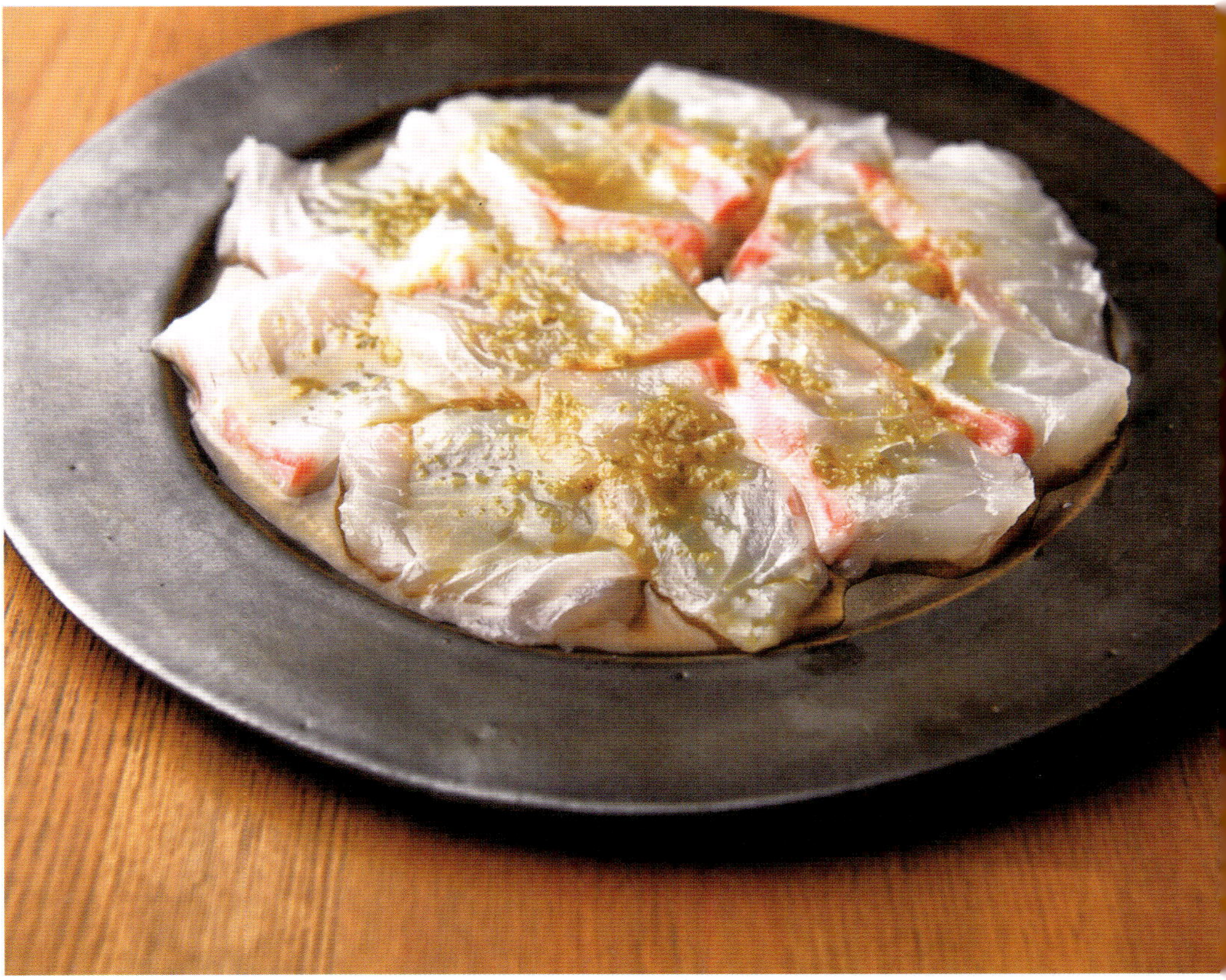

和風ハンバーグ

牛乳のかわりに水だしにひたしたパン粉を肉だねに加えると、肉汁となじんでジューシー＆あっさりな仕上がりになります。たれにも少量の水だしで、ほのかに和の香りをプラス。

POINT

パン粉に水だしをしみ込ませて、あっさり。たれも甘すぎない照り焼き風にして、ソースやケチャップなしでも満足の大人味に仕上げます。

材料　2人分

合いびき肉 ―― 200g
玉ねぎ ―― 小1/2個（70～80g）
［ドライパン粉 ―― 1/4カップ
　水だし ―― 大さじ2］
塩 ―― 少々
A［しょうゆ ―― 大さじ2
　水だし ―― 大さじ1
　酒 ―― 大さじ1
　砂糖 ―― 大さじ1/2］
サラダ油 ―― 小さじ1
大根おろし ―― 1/2カップ
クレソン ―― 適量

作り方

1　玉ねぎはみじん切りにする。パン粉は水だしにひたす。**A**は混ぜ合わせる。

2　ボウルにひき肉、1の玉ねぎとパン粉、塩を入れ、粘りが出るまでよく練り混ぜる。2等分にし、だ円形に整える。

3　フライパンにサラダ油を中火で熱し、2を並べ入れて1分焼く。裏返して2分焼き、ふたをして弱火にし、さらに8～9分焼く。

4　出てきた脂をキッチンペーパーでていねいに拭きとり、火を強めて**A**を加える。照りが出るまで手早くからませ、器に盛る。軽く汁けをきった大根おろしとクレソンを添える。

れんこんの
ナッツ入りきんぴら

れんこんとナッツ、ダブルの
"カリッと"食感がアクセントです。

材料　2人分

れんこん —— 120g
アーモンド（ロースト・食塩不使用）—— 30g
赤とうがらし（小口切り）—— 1本分
ごま油 —— 大さじ1/2
水だし —— 大さじ2
砂糖・みりん —— 各大さじ1/2
しょうゆ —— 大さじ1

作り方

1　れんこんは7～8㎜厚さの輪切りにしてから縦3等分に切る。酢水にさらし、水けをきる。アーモンドはあらく刻む。

2　フライパンにごま油を中火で熱し、赤とうがらしとれんこんを入れ、油がまわるまで炒める。水だしを加えてふたをし、弱めの中火で2～3分蒸し焼きにする。

3　アーモンドを加え、砂糖も加えてなじませる。火を強めてみりん、しょうゆを加え、汁けがなくなるまで炒める。

ごぼうとベーコンの
塩きんぴら

少量のだしで蒸し焼きにしたごぼうが
しっとり。キリッと黒こしょうをきかせます。

材料　2人分

ごぼう —— 小1本（120g）
ベーコン（薄切り）—— 2枚
サラダ油 —— 小さじ1
水だし —— 大さじ2
A［酒 —— 大さじ2
A　塩 —— 小さじ1/4
A　あらびき黒こしょう —— 小さじ1/2］

作り方

1　ごぼうはたわしでこすり洗いし、長めの斜め薄切りにしてから、やや太めのせん切りにする。水に2～3分さらし、水けをよくきる。ベーコンは1㎝幅に切る。

2　フライパンにサラダ油とベーコンを入れ、中火にかける。ベーコンがカリッとしてきたらごぼうを加え、さっと炒め合わせる。

3　水だしを加えてふたをし、弱火にして2～3分蒸し焼きにする。ふたをとって火を強め、**A**を加えて手早く炒める。

春菊のナムル

さわやかな春菊と香ばしいごま、
2つの香りが引き立て合います。

材料　2人分

春菊 ―― 1束

A
- **水だし** ―― 大さじ1
- 白すりごま ―― 大さじ1
- ごま油 ―― 大さじ1
- しょうゆ ―― 小さじ1/2
- 塩 ―― 小さじ1/4
- おろしにんにく ―― 少々

作り方

1. 春菊は根元のかたい部分を切り落とし、さっとゆでてざるにあげ、あら熱をとる。水けを絞り、3cm長さに切る。
2. ボウルにAを混ぜ合わせ、1を加えてよく混ぜる。

にんじんと豆もやしのナムル

大さじ1杯の水だしで、味がまとまり
やさしいナムルに仕上がります。

材料　2人分

にんじん ―― 1/3本
豆もやし（またはもやし） ―― 1/2袋

A
- **水だし** ―― 大さじ1
- 白すりごま ―― 大さじ1
- ごま油 ―― 大さじ1
- 塩 ―― 小さじ1/3
- おろしにんにく ―― 少々

作り方

1. にんじんは斜め薄切りにしてから、せん切りにする。豆もやしはさっと洗い、ひげ根をとる。
2. 1を合わせて耐熱皿に広げ、ふんわりとラップをかけて電子レンジで1分加熱し、汁けをきる。
3. ボウルにAを混ぜ合わせ、2を加えてよく混ぜる。

万願寺とうがらしとじゃこの炒め煮

京都のおばんざい風の一品。食卓にこんなおかずがあると、
ごはんにも、ビールにも喜ばれます。
強めの火加減で手早く汁けをとばすと、色鮮やかで香りよし。

材料　2人分

万願寺とうがらし*
　—— 大4本（100g）
ちりめんじゃこ —— 30g
ごま油 —— 大さじ1
水だし —— 大さじ2
A
- 酒 —— 大さじ1
- 砂糖 —— 大さじ1/2弱
- しょうゆ —— 大さじ1

＊辛みのない京都特産のとうがらし。なければ甘長とうがらしやししとうなどで作ってもよい。

作り方

1 万願寺とうがらしは5～6等分の斜め切りにする。

2 フライパンにごま油を弱めの中火で熱し、じゃこがカリッとするまで2～3分炒める。1を加えてさっと炒め合わせる。

3 水だしをまわし入れてふたをし、1～2分蒸し焼きにする。ふたをとって火を強め、**A**を順に加えて汁けがなくなるまで炒める。

4章

水だしがあれば本格和食のハードルが下がる

水だしがあれば
本格和食のハードルが下がる

水だしで、家庭の煮ものは数段おいしくなります。

おうち和食の人気メニューといえば、ほっこり煮もの。
でも、これも作るのが大変といわれる料理ですね。
その原因のひとつがだし。
そこで、やっぱり水だしの出番。冷蔵庫からとり出して鍋に注ぐだけ、
そう思うだけで、煮もののハードルが下がる気がしませんか？
せっかくの風味を生かしたいから、味つけは「少し薄いかな？」くらいに。
だしが素材の味を引き上げてくれるので、あまり濃い味にする必要がないんです。
素材にうまみがしみ込み、しっかりだしの余韻が残ります。
だから塩分控えめでも、もの足りなさはありません。
私のおすすめはお総菜の代表、切り干し大根の煮もの。
切り干し大根を水だしでもどし、そのもどし汁ごと煮てしまうんです。
薄味でも、いつもよりぐっと味わいに奥行きが出ます。

水だしなら、
定番和食もピタッと味が決まります。

おなじみの和のおかずこそ、水だしの実力が発揮されるところ。
和食のおいしさの決め手は、なんといってもだしのうまみです。
水だしは昆布と削り節の本格だし。いつものおかずに使うと味に深みが出て、
しみじみおいしい。お店のような洗練された味にガラリと変わります。
シンプルな調味料だけで味が決まるのも、うれしいポイント。
水だしで、もう「和食は難しい」なんて思いからは卒業。
もっと気楽に、〝和食上手〟を目指してください。

サバのだしみそ煮

ハードルが高く感じられる煮魚も、水だしがあれば簡単。
水ではなくだしで煮ることで、うまみを逃しません。
煮汁をたっぷりからめてどうぞ。

煮立たせた汁にサバを入れます。水のかわりに水だしを使って風味アップ（写真左）。落としぶたで全体に煮汁をまわし、裏返さずに煮ます（写真右）。

材料　2人分

- サバ —— 1/2尾（半身）
- 塩 —— 少々
- しょうが（薄切り）—— 5〜6枚
- 貝割れ菜（根を切る）—— 1パック
- A
  - **水だし** —— 1カップ
  - 酒 —— 大さじ1
  - みりん・砂糖 —— 各大さじ2/3
  - しょうゆ —— 小さじ1
- みそ —— 大さじ1

作り方

1. サバは半分に切り、皮目に浅い切り目を2本ずつ入れる。全体に薄く塩をふり、少しおいて水けを拭く。
2. フライパンにAを煮立て、しょうがと1を皮目を上にして入れる。アルミホイルなどで落としぶたをし、強めの中火で4〜5分煮る。途中で1〜2回アクをとり、スプーンでサバの表面に煮汁をかける。
3. 落としぶたをとってみそを溶き入れ、煮汁をかけながらさらに2分ほど煮る。フライパンのあいたところに貝割れ菜を入れてさっと煮る。器に盛り合わせ、煮汁をかける。

シンプルいり鶏

定番煮ものも、水だしなら本格味！
自信を持って食卓に出せる得意料理になりますよ。
だしの風味で味わいに深みが出ます。

材料　2～3人分

- 鶏もも肉 —— 小1枚（200g）
- れんこん —— 小1節（80g）
- ごぼう —— 1/2本
- にんじん —— 1/3本
- 里いも —— 大2個（160g）
- 塩 —— 少々
- 絹さや —— 2～3枚
- サラダ油 —— 大さじ1/2
- **水だし** —— 1カップ
- A
  - 酒・砂糖 —— 各大さじ1
  - みりん —— 大さじ1/2
  - しょうゆ —— 大さじ1と1/2

作り方

1 鶏肉は大きめのひと口大に切る。

2 れんこんは1cm厚さのいちょう切りにし、酢水にさらす。ごぼうはたわしでこすり洗いし、ひと口大の斜め切りにしてさっと水にさらす。にんじんはひと口大の乱切りにする。里いもは厚めに皮をむいて1cm厚さの半月切りにし、塩をふってこすり洗いする。これを2回くり返す。

3 絹さやはへたと筋をとり、塩少々（分量外）を加えた熱湯でゆで、1cm幅の斜め切りにする。

4 フライパンにサラダ油を中火で熱し、1を炒める。肉の色が変わったら2の水けをきって加え、炒め合わせる。

5 水だしを加えて強火にし、煮立ったらアクをとる。強めの中火にして**A**を順に加え、ふたをして煮汁がほとんどなくなるまで10分ほど煮る。ふたをとって火を強め、フライパンを揺すりながら汁けをとばす。照りが出たら器に盛り、3を散らす。

POINT

野菜全体に油がまわるまで炒めてから、水だしを加えます。野菜を炒めておくことで、仕上がりにコクが出ます。

牛肉と車麩のしっとりすき煮

水は使わず、だしだけで煮て味わいをグレードアップ。
「今日はいい牛肉にした？」と言われるかも――。
煮汁を吸った車麩も、また絶品です！

材料　2人分

牛薄切り肉 ―― 150g
車麩 ―― 大1個
長ねぎ ―― 1/2本
しらたき ―― 100g

A
- **水だし** ―― 1と1/3カップ
- 砂糖 ―― 大さじ1/2
- 酒・みりん ―― 各大さじ1
- しょうゆ ―― 大さじ1と1/3

作り方

1 車麩はたっぷりの水につけてもどし、水けを軽く絞って6等分に切る。

2 牛肉は食べやすい大きさに切る。ねぎは斜め薄切りにする。しらたきはゆでて湯をきり、食べやすい長さに切る。

3 フライパンに**A**を煮立て、ねぎ、しらたき、1を入れる。中火で3分ほど煮たら牛肉を加えてほぐし、さらに3分ほど煮る。

タラの雪鍋

淡泊な食材の味をぐっと引き上げるのが、水だしの力。タラや豆腐、すりおろしたかぶにだしがしみ込んで、しみじみ味わい深い、冬のごちそう小鍋です。

材料　2人分

- 生タラ —— 2切れ
- 絹ごし豆腐 —— 1/2丁（150g）
- 水菜 —— 1株
- かぶ —— 大2個
- A
  - **水だし** —— 1と1/2カップ
  - 酒・うす口しょうゆ —— 各大さじ1
  - しょうゆ —— 小さじ1
- ポン酢しょうゆ（好みで）—— 適量

POINT

すりおろしたかぶは、最後に加えます。長く煮ると汁がにごるので、温まったら火を止めて。

作り方

1. タラは3等分に切り、さっと熱湯をかける。豆腐は食べやすい大きさに切る。水菜は3㎝長さに切り、かぶは皮をむいてすりおろす。
2. 小さめの土鍋に**A**を中火で煮立て、タラを入れる。色が変わってきたら豆腐を加え、水菜を散らす。
3. 再び煮立ったらすりおろしたかぶをのせ、温まったら火を止める。好みでポン酢しょうゆをつけて食べる。

揚げ高野豆腐と牛肉の甘煮

揚げ焼きにした高野豆腐は、牛肉に負けない存在感。もっちりした食感と、こっくり味が新鮮です。誰もが好きな、定番の甘辛味に仕上げます。

材料　2人分

- 高野豆腐 —— 2枚
- 揚げ油 —— 大さじ4〜5
- 牛切り落とし肉 —— 100g
- サラダ油 —— 小さじ1
- **水だし** —— 1カップ
- A
  - 砂糖 —— 大さじ1/2
  - 酒・みりん・しょうゆ —— 各大さじ1

高野豆腐は、表面がカリッとするまで揚げ焼きにするのがコツ。これで食感がよくなり、コクも増します。

作り方

1. 高野豆腐はたっぷりの水につけてもどし、しっかり水けを絞って8等分に切る。フライパンに揚げ油を熱し、高野豆腐を入れてときどき返しながら2分ほど揚げ焼きにする。キッチンペーパーにとって油をきる。
2. 牛肉は食べやすい大きさに切る。
3. フライパンにサラダ油を強火で熱し、2を炒める。色が変わってきたら水だしを注いで煮立て、アクをとる。1と**A**を加えて中火にし、アルミホイルなどで落としぶたをし、弱めの中火にして3〜4分、煮汁が少なくなるまで煮る。

だししみ肉じゃが

ふだんのおかずこそ、水だしで作ると味の違いがよくわかります。
あっさりなのに、しっかり残るだしの余韻。
料理の腕が上がったかな？ と自信が持てますよ。

材料　2人分

- 豚こま切れ肉 —— 120g
- じゃがいも —— 2個
- 玉ねぎ —— 1/2個
- にんじん —— 1/3本
- サラダ油 —— 小さじ1
- **水だし** —— 1カップ
- A
  - 砂糖 —— 大さじ1/2
  - 酒・みりん —— 各大さじ1
  - しょうゆ —— 大さじ1と1/3

作り方

1. じゃがいもは縦半分に切ってから1㎝幅に切る。水にさらして水けをきる。玉ねぎは4等分のくし形に切り、にんじんは1㎝厚さの半月切りにする。豚肉は食べやすい大きさに切る。
2. フライパンにサラダ油を中火で熱し、豚肉を炒める。色が変わってきたら1の野菜を加えて炒め合わせ、水だしを注ぐ。
3. 煮立ったらアクをとり、Aを順に加え、ふたをして中火で6分ほど、野菜がやわらかくなるまで煮る。

なすとピーマンのみそ炒め

油を多く吸ってしまうなすも、先にさっと炒めてから水だしで蒸し焼きにすれば、カロリーダウンできて、しつこさなし。みそは最後に煮汁に溶くと焦げつきにくく、味がよくからみます。

材料　2人分

なす —— 2本
ピーマン —— 2個
ごま油 —— 大さじ1
水だし —— 1/4カップ
A 砂糖 —— 大さじ2/3〜1
A みりん —— 大さじ1
A しょうゆ —— 小さじ1
みそ —— 大さじ1

POINT
水だしで蒸し焼きにしたなすがしんなりとしたらみそを溶き入れて、こってり、つやよく仕上げます。

作り方

1 なすはへたを除いて縦半分に切り、ひと口大の乱切りにする。ピーマンはへたと種を除いてひと口大に切る。

2 フライパンにごま油を中火で熱し、1を1分ほど炒める。水だしを加えてふたをし、少し火を弱めて1〜2分蒸し焼きにする。

3 ふたをとり、火を少し強めて**A**を順に加える。汁けが少し残るくらいまで煮詰めてみそを溶き入れ、全体にからめながら汁けをとばす。

切り干し大根のあっさり炒め煮

「こんなに味が変わるの！」とびっくりするのが、水だしでもどした切り干し大根。もどし汁ごと煮て味を含ませれば、品のよい薄味のお総菜に。

材料　2人分

切り干し大根 —— 乾20g
水だし —— 1と1/2カップ
にんじん —— 1/3本
油揚げ —— 1枚
ごま油 —— 小さじ1/2
A
- 砂糖 —— 大さじ1/2
- みりん —— 大さじ1
- しょうゆ —— 大さじ1と1/2

作り方

1 切り干し大根はしっかりもみ洗いをし、長ければ食べやすく切る。水けを絞ってボウルに入れ、水だしを注いで20分ほどおいてもどす。

2 にんじんは3㎝長さ、2〜3㎜厚さの短冊切りにする。油揚げはキッチンペーパーでしっかり押さえて油を吸わせ、縦半分に切ってから細切りにする。

3 フライパンにごま油を中火で熱し、2をさっと炒める。1を水だしごと加え、Aを順に加える。ときどき混ぜながら、汁けが少なくなるまで5〜6分煮る。

POINT

切り干し大根はもみ洗いして汚れを落としてから、水だしにひたします（写真左）。もどし汁にはだしと切り干し大根、ダブルのうまみが出ているので、捨てずに加えて味を含ませて（写真右）。

ごちそう豚汁

1品でおかずと汁兼用になるのが、豚汁のいいところ。
水だしならかつお節の香り立つ、ひと味違うごちそうに。
ぜひ作ってみてほしい、水だし料理のひとつです。

材料　2人分

豚バラ薄切り肉 —— 100g
ごぼう —— 1/4本
にんじん —— 1/4本
こんにゃく（アク抜きしたもの）
—— 1/4枚
サラダ油 —— 小さじ1
水だし —— 2と1/2カップ
みそ —— 大さじ2〜2と1/2
七味とうがらし（好みで）—— 適宜

作り方

1 ごぼうはたわしでこすり洗いし、2〜3㎜幅の斜め切りにする。水にさらして水けをきる。にんじんは薄い半月切りにし、こんにゃくは3〜4㎝長さの短冊切りにする。豚肉は1㎝幅に切る。

2 鍋にサラダ油を中火で熱し、豚肉を炒める。色が変わってきたら残りの1を加えて炒め合わせ、全体に油がまわったら水だしを加えて強火にする。

3 煮立ったら中火にし、アクをときどきとりながら野菜がやわらかくなるまで5分ほど煮る。みそを溶き入れて火を止め、椀に盛って七味をふる。

5章

お昼に夜食に活躍。
ひとり分の
ごはんと麺もすぐ

お昼に夜食に活躍。ひとり分のごはんと麺もすぐ

人気のだし茶漬けも簡単。お酒のシメにも助かります。

ちょっと小腹がすいたり、帰宅が遅くなったときは、
すぐに食事をとりたいもの。
たとえば、ごはんに好みの具をのせて、温めた水だしを注ぐだけ。
それだけで、だしの香りにホッとする本格茶漬けができ上がります。
外で食べるとそこそこのお値段なのに(笑)、
こんなに気軽にできるなんてうれしいですよね。
手早く作ってパッと出したい、そんなときに水だしはとても頼れる存在。
お酒のシメにもすぐ出せて、助かっています。
冷たい麺のかけつゆなら、水だしに調味料を加えるだけでＯＫ。
市販のめんつゆやたれをわざわざ用意する必要がなくなります。
水だしをすすめた友人からは
「市販の合わせ調味料を使わなくなったわ」と喜ばれています。

万能水だしで、丼や麺があっという間。

ひとりで食べることも多い昼ごはんや、
時間をかけたくない夜遅ごはん。
パパッと作れるごはんものや麺料理がやはり重宝しますね。
私のおすすめは、フライパンひとつで仕上げてしまう和風パスタ！
フライパンに水だしとスパゲッティを入れて火にかけ、そのままだしで
蒸しゆでにしてしまうんです。ゆで上がったところに具を投入。
この方法なら洗いものも、油の量も減らせて一石二鳥。
だしの風味で、油控えめなのに、もの足りなく感じません。
夜遅くでも、おなかの負担になりにくいのがうれしいところです。

だし蒸し焼きうどん

フライパンに凍ったままのうどんと具を入れ、
水だしで蒸して、解凍＆調理を同時進行！
だしのうまみがあるから、調味もしょうゆだけ。

材料　1人分

冷凍うどん —— 1玉
豚こま切れ肉 —— 100g
しめじ —— 1/3パック
青梗菜 —— 1株
水だし —— 1/4カップ弱
しょうゆ —— 大さじ1

作り方

1. しめじは石づきを除いてほぐす。青梗菜は2㎝長さに切る。
2. フライパンにうどんを凍ったまま入れ、まわりに豚肉と1を並べる。水だしを加えてふたをし、弱めの中火にかける。途中1〜2回ほぐしながら4分ほど蒸し煮にする。
3. ふたをとってよく混ぜ、火を少し強めてしょうゆをまわし入れ、汁けがなくなるまで混ぜながら炒める。好みでごま油少々（分量外）をふってもよい。

POINT

凍ったままの冷凍うどんと具を一緒に加熱し、短時間仕上げに。手をかけたくないお昼にぴったりです。

カレーうどん

ときどき無性に食べたくなるのが、だしのきいたカレーうどん。
水だしがあれば、おうちでも手軽にお店の味に仕上がります！
カレー粉と小麦粉を合わせて溶き入れ、まったりとしたとろみに。

材料　1人分

冷凍うどん —— 1玉
鶏こま切れ肉 —— 100g
玉ねぎ —— 1/4個
にんじん —— 1/4本
じゃがいも —— 大1/2個
さやいんげん（あれば）—— 2本
水だし —— 1と1/2カップ
A［カレー粉 —— 小さじ2
　 小麦粉 —— 小さじ1
しょうゆ —— 小さじ1
塩 —— 少々

作り方

1. 玉ねぎは5～6㎜幅に切り、にんじんは薄いいちょう切りにする。じゃがいもは5～6㎜厚さの半月切りにし、さやいんげんは斜め薄切りにする。
2. フライパンにうどんを凍ったまま入れ、水だしを加える。鶏肉と1を加えてふたをし、中火にかけ、煮立ったら弱めの中火にして3分ほど蒸し煮にする。
3. Aを小さな器に合わせて2の煮汁を大さじ2ほど加え、だまがなくなるまでよく混ぜる。2に加えて混ぜ溶かし、しょうゆ、塩で調味し、1分ほど煮て火を止める。

納豆だれのぶっかけそば

だしと納豆のうまみの相乗効果で、くせになる味わい。納豆はあまり混ぜすぎず、さらりとしたつゆに仕上げます。お酒のシメにもいいですよ。

材料　1人分

そば（乾麺）—— 1束

A
- **水だし** —— 1/2カップ
- 納豆 —— 1パック（40g）
- しょうゆ —— 大さじ1と1/2
- みりん —— 大さじ1

小ねぎ（小口切り）—— 1〜2本分

作り方

1. Aのみりんは耐熱の器に入れ、ラップをせずに電子レンジで20秒加熱し、アルコールをとばす。残りのAとともにボウルに入れ、軽く混ぜる。
2. そばは袋の表示どおりにゆでて水洗いし、水けをよくきる。
3. 器に2を盛って1をかけ、小ねぎを散らす。

POINT

納豆に水だしと調味料を加えたら、ざっくりほぐす程度に混ぜて。あまり粘り気を出さないほうが、さらっと食べやすいつゆになります。

かつ丼

市販のとんかつを買ってきた日でも
水だしが冷蔵庫にあれば、パッとほかほかの丼ができ上がり。
卵は半熟程度で火を止め、余熱で火を通せばふわトロに。

材料　1人分

とんかつ（市販）—— 1枚
玉ねぎ —— 1/4個
卵 —— 1個
A
- **水だし** —— 1/2カップ
- 砂糖・酒 —— 各大さじ1/2
- しょうゆ —— 大さじ1

温かいごはん —— 丼1杯分

作り方

1 とんかつは食べやすい大きさに切り、玉ねぎは4～5㎜幅の薄切りにする。卵は割りほぐす。

2 小鍋（または直径18㎝ほどのフライパン）に**A**を合わせ、玉ねぎを入れて中火にかける。煮立ったら中央にとんかつを並べ入れ、弱めの中火にして2～3分煮る。

3 溶き卵を円を描くように細くまわし入れ、ふんわりとしたらすぐに火を止める。丼に盛ったごはんにのせる。

豆乳たらこスパゲッティ

スパゲッティは別ゆでにせず、だしで蒸しゆでに。
同じフライパンに具も投入して、一気仕上げだから簡単。
水だしの分量とスパゲッティの種類は必ず守って！

POINT

冷たい水だしにスパゲッティを入れて火にかけ、蒸しゆでにします。半分に折ると全体がひたり、火の通りもスピーディ（写真右）。たらこは水けがとんだところで手早く混ぜて（写真下）。

材料　1人分

スパゲッティ（1.6㎜・7分ゆで）―― 80g
たらこ（薄皮を除く）―― 50g
A［水だし ―― 1と1/4カップ
　塩 ―― 少々
豆乳 ―― 大さじ3
オリーブ油 ―― 大さじ1
青じそ（あらみじん切り）―― 2～3枚分

作り方

1　フライパン（直径26㎝）にAを入れ、スパゲッティを半分に折って加える。ふたをして強めの中火にかけ、煮立ったらほぐすようにしてさっと混ぜる。再びふたをして弱めの中火にし、7分蒸しゆでにする。

2　ふたをとり、強めの中火にして30秒ほど混ぜながら水けをとばす。たらこを加えてあえ、すぐに豆乳を加えて20秒ほど煮て火を止め、オリーブ油を混ぜる。

3　器に盛り、しそをのせる。

梅干しと貝割れ菜のスパゲッティ

フライパンひとつでできる、あっさり和風スパゲッティ。だしの味を生かしたいので、ごま油は風味づけ程度でOK。洗いものが少なくてすむのもうれしい。

材料　1人分

スパゲッティ（1.6㎜・7分ゆで）
　—— 80g
梅干し（甘くないもの）—— 大1個
貝割れ菜（根を切る）—— 1/3パック
A［水だし —— 1と1/4カップ
　 塩 —— 少々
ごま油 —— 小さじ1
しょうゆ —— 大さじ1/2

作り方

1 フライパン（直径26㎝）にAを入れ、スパゲッティを半分に折って加える。ふたをして強めの中火にかけ、煮立ったらほぐすようにしてさっと混ぜる。再びふたをして弱めの中火にし、7分蒸しゆでにする。

2 ふたをとり、強めの中火にして30秒ほど混ぜながら水けをとばす。ごま油を加えて混ぜ、梅干しを小さくちぎり入れ、しょうゆをまわし入れてしっかりと炒め合わせる。

3 貝割れ菜を加えてさっと混ぜる。

高菜のだし茶漬け

お酒のあとはもちろん、
小腹がすいたときもさっと作れるのがうれしい。
本格だしの香りに、心の底からホッとします。

材料　1人分

温かいごはん —— 茶碗1杯分
高菜漬け* —— 20～30g
水だし —— 1/2カップ
白いりごま —— 少々

＊野沢菜漬けやしば漬け、刻んだたくあんなどでもよい。

作り方

1 高菜はさっと水洗いして水けをきつく絞り、あらめのみじん切りにする。

2 小鍋に水だしを入れ、煮立てる。

3 茶碗にごはんを盛り、1とごまをのせ、2をかける。

武蔵裕子（むさし・ゆうこ）

料理研究家。
仕事をしながら息子2人と両親、
3世代の食事を長年作り続けてきた経験から生まれたレシピは、
無理なく作れ、それでいてきちんとした味わいのものばかり。
自らも長く「水だし」を愛用し、
その便利さとおいしさを広めるべく、活動をしている。
『働くママの時短ごはん』（女子栄養大学出版部）、
『フライパンひとつで、麺』（文化出版局）ほか著書多数。

STAFF

アートディレクション・デザイン　小橋太郎（Yep）

撮影　竹内章雄

スタイリング　福泉響子

取材・構成　伊藤純子

校閲　滄流社

撮影協力
UTUWA
東京都渋谷区千駄ヶ谷3-50-11 1F
TEL 03-6447-0070

いつものおかずがごちそうに。
本格和食も思いのまま。
「水だし」って、すごい！

2019年11月22日　初版第1刷発行

著　者　武蔵裕子
発行者　香川明夫
発行所　女子栄養大学出版部
〒170-8481
東京都豊島区駒込3-24-3
TEL　03-3918-5411（営業）
03-3918-5301（編集）
http://www.eiyo21.com
振替　00160-3-84647
印刷・製本　シナノ印刷株式会社

ISBN978-4-7895-4506-8